Lb 41/1319

RÉPONSE

A

L'ACCUSATION

FAITE par le Médecin, ST. MARTIN, contre le C^{en}. BORDIER, Membre du Directoire de Vendôme,

AU

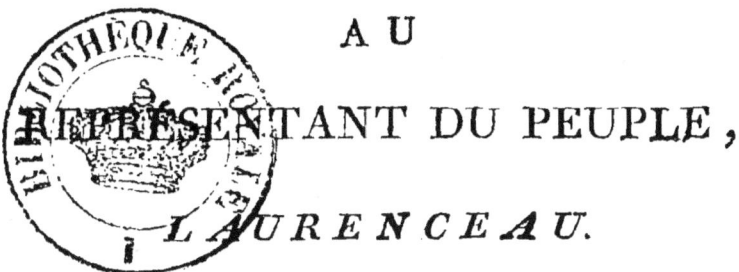

REPRÉSENTANT DU PEUPLE,

LAURENCEAU.

Par le Président du District.

An III de la République.

AU REPRÉSENTANT

DU

PEUPLE, LAURENCEAU.

Citoyen,

Ayant l'honneur de tenir, à plus d'un titre, à l'Administration de Vendôme, et l'avantage de la présider depuis long-temps, il ne m'est pas permis de dissimuler l'étonnement qui m'a saisi à la vue de la flétrissure dont on s'est efforcé de l'accabler devant toi, en la personne du plus ancien de ses membres et de l'un de nos plus zélés collaborateurs.

Bordier n'a pu commettre un délit Administratif qui ne rejaillît sur nous. Nous l'aurions au moins partagé par la connoissance que nous en avons eu ; en sorte que nous n'en serions pas devenus moins coupables que lui. L'on sait que les Égiptiens condamnoient également les auteurs du crime et celui qui, pouvant s'y opposer, ne l'avoit pas fait. Nous serions donc complices des actes de terrorisme dont on veut le noircir!

Je suis loin d'être l'Apologiste du terrorisme, je frissonne à la seule idée d'une exécution, dont mes yeux n'ont jamais été souillés. Cependant qu'il y a de distance entre ce terrorisme sanguinaire et la crainte salutaire qui retient l'homme prêt à s'égarer, ou qui lui en intercepte les moyens!

Il n'est pas de Lois pénales qui ne soient basées sur la crainte; heureux les Législateurs qui ont imprimé dans le cœur de l'omme la honte, comme le premier des chatimens!» Il n'a appartenu qu'à *Licurgue* de faire entrevoir comme un supplice pour un jeune homme d'être condamné à vivre au milieu de jeunes filles, ou à un homme fait de ne pouvoir prêter sa femme. »

Sous quelque forme que la punition se présente, il suffit qu'il engendre la crainte.

Il est possible que ce mobile indispensable, ait été exagéré chez nous, depuis la Révolution; peut-être aussi, falloit-il donner à ce ressort une élasticité capable de renverser les ennemis nombreux de notre Liberté. Combien de Décrets, combien d'Arrêtés terribles des Comités de la Convention sembloient suspendre le glaive de Denis sur la tête des hommes désignés du nom insignifiant d'Aristocrate !

Il s'agit de voir à présent, si BORDIER, ou si le Directoire de Vendôme, identifié à cet égard, avec lui, ont outre-passé les mesures de rigueur prescrites par les Lois; je vous appelle en témoignage, vous, que la Loi du 17 Septembre 1793, condamnoit à l'arrestation, en qualité de nobles ou de parens d'émigrés ? Avez-vous été privés de votre liberté, C^{ens}. *Devaux*, *Tremault*, *Lainiau*, père d'Émigrés ; l'avez-vous été *Fontenay*, *Méri*, *et tant d'autres* que nous avons soustrait à la sévérité de la Loi.

Par-tout ailleurs les maisons d'arrêt étoient déjà peuplées, que nous nous étions défendus d'en établir une à Vendôme, et, nous ne nous y sommes déterminés qu'afin d'avoir une plus grande sécurité sur les détenus de notre District.

Nous passions tellement pour modérantistes, que chaque jour le Comité central de Blois, nous menaçoit de dénoncer pour notre molesse.

Nous ne pouvons oublier que, vers les premiers jours d'Août 1793, *Vourgères*, l'un des Membres de ce Comité, vint au Directoire, enivré d'orgueil, nous déclarant qu'il avoit le droit de nous destituer tous, en ce que nous ne témoignions pas notre zèle par des actes de vigueur, ou cequ'il croyoit synonime, par des incarcérations.

L'on avoit une telle idée de notre indulgence, que nous fûmes inculpés, pour ce crime, devant le *Représentant du Peuple* R U E L, qui passoit à Vendôme le 9 Août 1793.

Ce Représentant, qu'il suffit de voir, pour être assuré qu'il ne peut être terroriste, nous fit, cependant sur paroles, des reproches d'inaction, parce que nous laissions les

Aristocrates errer en liberté et que nous ne mettions personne en arrestation ; il ajouta que l'on accusoit la Ville d'être sans énergie pour la chose publique, et qu'il étoit de notre devoir de lui en communiquer.

« Je lui répondis d'abord que, si nous né-
» gligions de faire renfermer les aristocrates
» ou ci-devant, c'est que nous pensions qu'il
» ne falloit priver personne de sa liberté, sans
» nécessité; et que, d'ailleurs, nous avions
» les yeux ouverts sur les plus remuans, et
» qu'ils seroient renfermés au besoin. J'ajou-
» tai que, sans afficher une vigilance fastueuse,
» nous n'en serions pas moins cautions
» de la tranquillite publique. Je lui assurai
» que, par rapport au peu d'énergie attri-
» buée aux habitans de Vendôme, il falloit
» s'en prendre au caractère modéré des
» Citoyens, tels aujourd'hui que lorsque
le *Tasse* disoit d'eux :

« La terra molle dolce è lieta

« Simigli à se gli habitatori produce.

C'est-à-dire qu'une terre agréable et douce produit des habitans qui lui ressemblent.

Le Représentant parut satifait de nos réponses, et nous donna des témoignages de son estime.

Ainsi donc, jusqu'au moment présent, la seule inculpation que l'on se permettoit de faire aux Administrateurs du District, tomboit sur leur froideur à faire exécuter les Lois de rigueur contre les ci-devant ou autres gens suspects.

C'est qu'il faut s'arrêter sur les resultats inexplicables des événemens contradictoires. Ce BORDIER, que l'œil de l'aristocratie a découvert comme un terroriste, ce BORDIER, dénoncé par un énergumène qui ose traiter *d'infâme Scélérat* un Administrateur deux fois élu par le vœu spontané de ses Concitoyens ; C'est ce même BORDIER, qui, l'année dernière, lors de l'épuration des autorités constituées par *Garnier(de saintes)* lui fut désigné par son conseil, comme n'employant pas toute son énergie en faveur de la chose publique, et comme déserteur de la Société Populaire.

Pourquoi ST. MARTIN vient-il se plaindre aujourd'hui d'un délit tout contraire ? Ou pourquoi, puisque le délit, dont il se plaint, existoit alors, ne l'a-t-il pas déposé entre les mains de Garnier? craignoit-il que la justice de Garnier ne fût retombée sur lui-même? Ou, s'est-il flatté d'en imposer à la justice *du Représentant du Peuple*, **LAURENCEAU**?

Il est vrai que Garnier auroit difficilement regardé **BORDIER** tel qu'un terroriste, au moment où **BORDIER** leur faisoit la guerre, lui qui venoit de frapper, d'un coup irrésistible, le plus ferme appui du terrorisme, l'un des plus fervens apôtres de l'incarcération, en la personne de *Chevé*.

Sous quel prétexte, le Cit. ST. MARTIN prétendroit-il encore assimiler **BORDIER** aux terroristes? Quoi! parceque **BORDIER** a cru devoir s'assurer de lui aux Roches! Je veux qu'il eût pû s'en dispenser; le but qu'il se proposoit étoit louable, puisqu'il tendoit à faire revenir les pères de famille, partis pour la Vendée, dans le sein de leurs maisons.

Au sur-plus, une arrestation est moins incurable qu'une attaque d'apoplexie. Qui donc n'a pas été incarcéré dans sa vie ? Et moi aussi j'ai été emprisonné par lettre de cachet, sans avoir le droit de m'en plaindre et sans en avoir eu même le désir. Un peu de philosophie siéroit à un grand Médecin.

St. Martin pourroit-il se dissimuler qu'arrivé à Vendôme sous les auspices d'une Citoyenne *De Neveu*, en son nom l'on a pu lui soupçonner quelques grains d'aristocratie ?

Aucun de ceux qui ont fréquenté la Société Populaire ne disconviendra que St. Martin ne fût considéré comme aristocrate, soit par tempérament, soit par la contagion de ceux qu'il fréquentoit ; tant étoit l'ascendant de la renommée sur son compte !

Que St. Martin n'oublie donc pas qu'il existoit et qu'il existe encore une Loi du 17 Septembre 1793, qui ordonnoit l'incarcération des gens suspects et des aristocrates. Que l'on se rappelle aussi qu'il en étoit une bien plus terrible, qui peut-être n'auroit jamais du être promulguée, par les horreurs qui pouvoient s'en suivre : c'est le Décret du 27 Mars 1793, qui, d'après l'intitulé, met les aristocrates hors la Loi.

Certes, aucun des Administrateurs de Vendôme ne s'est occupé de cette Loi ; ils se sont fait un devoir de l'oublier, et ils n'en parlent, qu'au moment où ils sont assurés que l'opinion générale la rend sans effet.

Les esprits, prévenus ou aveugles, peuvent, seuls méconnoître les sollicitudes des Administrateurs du District, en faveur de leurs Administrés. Comment les arguer de terrorisme, lorsqu'au-contraire ils n'ont pas écouté le langage des Loix trop dures, ou qu'ils en ont mitigé les effets ?

A-t-on vu la guillotine frapper jamais personne, pour cause de révolution, dans notre District ? Y a-t-on vu quelqu'un soumis à une peine afflictive, pour ce sujet ? Nous avons eu l'art d'y rendre la tranquillité permanente.

Que dirons-nous de plus à nos détracteurs? Quand BORDIER ou d'autres Administrateurs auroient été entrainés, par leur zèle, dans quelques erreurs, je demanderai s'il est un homme, dont on ne peut arracher un feuillet de l'histoire de sa vie ?

Croyez, Citoyen Représentant, que, si nous avons retenu, d'une main, les agitations de l'aristocratie, nous saurons également réprimer, de l'autre, les monstres sanguinaires qui se flatteroient de souiller notre District.

Mais, redoutons sur-tout que ces hommes qui déclament le plus contre le terrorisme, ne se chargent de le devenir, pour se livrer plus efficacement à leur vengeance.

Il est du devoir, comme de la gloire, des Représentans du Peuple, d'empêcher que la Patrie ne soit balottée par des ressentimens de toutes espèces, et d'en imposer aux vents contraires qui suspendroient sans cesse le même orage sur nos têtes.

Au reste, Représentant, nous te redirons toujours que, si les administrateurs du District de Vendôme, quoiqu'entourés de la foudre qui grondoit autour d'eux, ont su préserver de tous les écueils le vaisseau qui leur étoit confié ; il seroit absurde de les rendre responsables des moindres cordages qui se seroient trouvés froissés dans sa marche.

Citoyen Représentant, nous avons donc le droit de te demander, que tu réprimes la licence de St. Martin, qui a osé traiter, sans cause, un Administrateur de *scélérat*, et insulter en lui l'Administration entière ; ou bien, si tu le préfères, envoyes St. Martin et Moi, comme chef de l'Administration, devant les Comités de la Convention, ou devant les Tribunaux, s'il y a lieu. Là, on y jugera, dans le silence des passions, qui,

(14)

de St. Martin ou des Administrateurs du District de Vendôme, ont mieux servi la chose publique.

CATHERINET.

A VENDOME,

De l'Imprimerie de SOUDRY, Marchand-Libraire,
Place du Commerce, N°. 299.

www.ingramcontent.com/pod-product-compliance
Lightning Source LLC
Chambersburg PA
CBHW061627040426
42450CB00010B/2712